Waldemar Spender

Die Eisenbahn hat Stiefel an

mit Illustrationen von Johann Hauck

Lesen und Freizeit Verlag

*Für Marika, Florian,
Friedrike und Filip und Simon*

Lizenzausgabe der Lesen und Freizeit
Verlag GmbH, Ravensburg, mit freundlicher
Genehmigung des Kinderbuchverlags Berlin – DDR
© 1979 by Der Kinderbuchverlag Berlin – DDR

Umschlagentwurf von Johann Hauck
und Robert Ohmayer

Alle Rechte dieser Ausgabe vorbehalten
durch Lesen und Freizeit Verlag GmbH, Ravensburg, 1985

Druck und Verarbeitung: Ebner Ulm

Schrift: Life mager & kursiv

Printed in Germany

ISBN 3-88884-188-7

Inhaltsverzeichnis

Die Eisenbahn hat Stiefel an 5
Knupperknapp und Kittifix 6
Die kleine Hexe Krützepich 7
Spielzeug 8
Wundermittel für Kinderbeine 9
Magischer Kreis 9
Die Leiter 10
Mein Vater ist ganz anders 12
Spitzname 13
Meine Maus 14
Leute, gebt mir Abenteuer 15
Wenn ich einmal Minister bin 16
Ungerecht 17
Wenn man als Kind was will 17
Der Floh 18
Schwerelosigkeit 19
Henriette Weiß-nicht-was 20
Das Zi 21
Fußnote 21
Wie Peter Hopf den Tag begann 22
Sprengstoff-Heini 24
Der kleine Junge Florian 26
Warum Trompete Tätärä sich
vor dem Hansi rettete 28
Wunderbare Ballade vom Trinchen Stolte 30
Kleinkinderfibel 33
Die Überrüben-Übertür 34
Eine vorbildliche Familie 36
Lehrgedicht 38
Die artige Ameise Po 39
Naturtalent 40

Der Marmeladenfisch *41*
Etwas über Katzen *41*
Der Kater Karli Rasebalg *42*
Der Suppenhund *43*
Die Schnecke Langawegagenga *44*
Von der Plötze Magda Rotermund *45*
Mathilde *46*
Der Kahlfraß *48*
Das Schaf *49*
Vom Riesen Oskar Eichenschwengel *50*
Vor unserm Hause rauscht das Meer *53*
Einundneunzig Knäuel Wolle *54*
Das neue Telefon *56*
Steigt ein, wir fahren nach Berlin *58*
Von oben *59*
An dem Gully steht ein Mann *60*
Der Engel *62*
Was ist das für ein Ding? *62*
Baugruben *63*
Bagger Happ und Kran Laban *64*
Kran und Flugzeug *65*
Auf der Strecke *66*
Ein schrecklicher Tag *68*
Zahnschmerzen *70*
Der Ofen *71*
Der Sturm *72*
Der Winter und die Kinder *74*
Die Sonne ärgerte sich uns sprach *76*
Sommer *77*
Letzter Schultag *78*
Des Abends, wenn die Sonne sinkt *79*
Abend *80*

Die Eisenbahn hat Stiefel an

Die Eisenbahn hat Stiefel an
aus Kork und rotem Leder.
Im Bauch des Tigers schwimmt ein Kahn,
der hat drei Eisenräder.

Ein bunter Hund sät mit der Hand
Kohlrabi auf Tapete.
Und Hastemich, der Elefant,
bläst fein, doch hastig Flöte.

Die Wolke ist ganz grün von Gras.
Die Maus fliegt eine Schleife;
sie ist daheim im Zahnputzglas.
Ihr Sofa ist aus Seife.

Und in dem Sofa lebt ein Huhn.
Das Huhn legt Gummibälle.
Es hat die ganze Nacht zu tun.
Tags tritt es auf der Stelle.

Die Sonne zieht ein Mondgesicht
und wackelt mit den Strahlen.
Es läßt sich brüllen, dies Gedicht,
doch läßt es sich auch malen.

Knupperknapp und Kittifix

Der Henkelbeißer Knupperknapp
beißt überall die Henkel ab,
besonders die von Tassen.
Er beißt Geschirr und Porzellan,
weil er so prima beißen kann.
Nur ist er nie zu fassen.

Die Klebehexe Kittifix
klebt Glas und Porzellan wie nix
und alle jene Dinger,
die so ein Henkelbeißer beißt.
Und wenn sie nichts zu kleben weiß,
dann klebt sie dir am Finger.

Die kleine Hexe Krützepich

Die kleine Hexe Krützepich
ist von Gestalt recht kümmerlich,
jedoch von großen Gaben.
Mit ihrem kicherlichen Sinn
steckt sie in allen Kindern drin,
die Schadenfreude haben.

Als jüngst der Opa Arthur Knoog
bei Glatteis auf den Podex flog
und mühlte mit den Armen,
war Hexe Krützepich im Ralf.
Erst lachte er, bevor er half;
sie kannte kein Erbarmen.

Die Bahnhofstreppe, seh ich doch,
schleppt jemand seinen Koffer hoch,
den andern unten lassend.
Dann trug den zweiten er das Stück.
Der erste jedoch kam zurück,
nicht mehr den Inhalt fassend.

Auch ich, ich lachte ungeniert.
Dann dacht ich: Wär das mir passiert!
Das schlug mein Lachen nieder.
Geh fort von mir und schäme dich,
du kleine Hexe Krützepich,
und komme ja nicht wieder!

Spielzeug

Ich hatte mal ein Mimami,
ein Kegulas und Faseli
zum Spielen einst, als Bengel.
Die hatt ich selber ausgedacht.
Das Mimami hat Quatsch gemacht
und war, wie ich, kein Engel.

Recht nützlich war das Kegulas.
Wenn ich mal was nicht gerne aß,
dann kam es aus dem Keller.
Kohlrabi fraß es und Spinat.
Ich sah nur zu – und war doch satt.
Und leer war stets mein Teller.

Das Faseli, als drittes Ding,
war etwa wie ein Igelfink
und schoß aus allen Zacken.
Es schrie und machte Feuerwerk,
war sowohl Riese als auch Zwerg
und blinkte mit den Backen.

Ich hatte mal ein Mimami,
ein Kegulas und Faseli.
Ich kann sie euch nicht schenken.
Doch habt ihr etwas Phantasie,
so könnt ihr euch ein Solopi
und Weitres selbst ausdenken.

Wundermittel für Kinderbeine

Wer dünne Stöckerbeine hat,
soll zu Frau Reich hinrennen.
Sie wohnt links vor der nächsten Stadt
und kann ein Mittel nennen,
wie man die Beine kräftig kriegt.
Auch, wo der Grund der Schwäche liegt,
sagt ihm die Zauberin, Frau Reich.

Wer rennt, der weiß das Mittel gleich.

Magischer Kreis

Unsre Nähmaschine
tickt ganz wundervoll,
wenn ich damit spiele,
was ich gar nicht soll;
wenn ich aber spiele,
was ich spielen soll,
tickt die Nähmaschine
nicht so wundervoll.

Die Leiter

Ich will den Mond!
und brüllt laut:
macht Theater
Denn sein Junge
Das ist ein Vater!
Wer da steigt?
in den Himmel.
durch die Wolken
und so weiter

Stufe, Stufe
der Mann die Leiter,
Höher steigt
Bergesspitzen.
unter sich. Und
Kirchturmzipfel
hoher Bäume,
gar die Wipfel
Seht, schon ließ er
Was will er holen?
Schritt um Schritt.
aufwärts steigen
Leitersprossen
klettern, schweigen,
Ach, man sieht ihn
Was will er oben?
steigt ein Mann.
und so weiter
Leiter, Stufe, Stufe
Hoch, auf eine lange

Anmerkung:
Es empfiehlt sich, die Leiter von unten zu besteigen.

Mein Vater ist ganz anders

Mein Vater ist ganz anders;
so war er nie zuvor.
Er spielt mit mir. Er kann das.
Und liest mir Bücher vor.

Er singt auch laute Lieder.
Dann geht er mit mir aus.
Sind wir vom Schauen müde,
dann hopsen wir nach Haus.

Ich finde, daß das gut ist.
Mein Vater ist auf Draht,
seitdem ein Draht kaputt ist
im Fernsehapparat.

Spitzname

Zu mir sagen alle:
Kleine Maus!

Mäuse fängt man in der Falle,
Mäuse stehlen und sind schädlich.
Doch mir macht das wenig aus,
denn ich lebe redlich.

Und ich knabbre nicht am Speck.
Auch der Honig ist im Glas geblieben.
Keinem stehle ich was weg.

(Nur die Schularbeiten hab ich
von Hans-Dieter abgeschrieben.)

Meine Maus

Elisabeth heißt meine Maus.
Die sieht wie meine Tante aus,
nur ist sie nicht lebendig.
Gern nehm ich sie in meine Hand.
Sie ist von außen samtbespannt,
aus Sägemehl inwendig.

Auch Tante heißt Elisabeth.
Sie ist von außen sehr adrett,
sooft sie uns ins Haus kommt.
Doch wenn man auch ihr Äußres kennt,
aus dem, was sie ihr Innres nennt,
da weiß man nie, was rauskommt!

Leute, gebt mir Abenteuer

Leute, gebt mir Abenteuer!
Käm etwa ein Ungeheuer,
dann, ihr würdet es schon sehen,
würd ich mich dem Untier stellen
– es könnt heulen oder bellen –
und in diesem Kampf bestehen.

Würde irgendwas passieren,
etwas Großes, wo zum Zieren
wirklich keine Zeit mehr wäre,
stünd ich in der ersten Reihe.
Wie ein Löwe oder zweie
kämpfte ich, bei meiner Ehre.

Darum gebt mir Abenteuer!
Gegen Wassersnot und Feuer
würd ich ringen, kämpfen, siegen.
Nur die böse Vier in Mathe,
die ich in dem Zeugnis hatte,
kann ich nicht zur Zwei hinbiegen.

Wenn ich einmal Minister bin

Wenn ich einmal Minister bin,
dann ordne ich gleich an,
daß jedermann, egal, wie alt,
von Herzen rasseln kann.
Er kann mit Stühlen rummeln und
darf bumsen auf die Erd,
darf essen, was er gerne mag,
und wiehern wie ein Pferd.
Er darf auch hüpfen, daß es staubt,
auf Sofa, Bett, Klavier.
Und er darf quietschen wie die Tür.
Selbst Brüllen ist erlaubt.
Er darf – doch nur, wenn's niemand sieht –
im Kohleneimer angeln,
Gespenst mit Muttis Tischtuch spieln
und an den Klinken hangeln.
Er braucht nicht putzen seine Schuh,
darf singen ohne Noten
und durch die Nächte Fernsehn sehn.

Nur Schlafen ist verboten!

Ungerecht

Ich soll Geige spielen lernen
und bekomme Unterricht.
Aber lieber bliese ich Posaune.
Mutti sagt, ein Mädchen kann das nicht.
Seitdem bin ich schlechter Laune.
Eins weiß ich genau:
Marcus Mollich lernt Posaune blasen,
und er wohnt mit mir im selben Städtchen.
Es gibt eine Gleichberechtigung der Frau.
Doch wo bleibt das gleiche Recht
für Mädchen?

Wenn man als Kind was will

Onkelchen hat gesengt
Loch in sein Nasenbein,
rein einen Ring gezwängt,
groß wie ein Heilgenschein.

Ich wollte turnen dran,
da schrie mich Onkel an:
Mach, daß du fortkommst, Bill.
Zähm deine Pfoten!

Wenn man als Kind was will,
schon ist's verboten.

Der Floh

Ein Junge namens Peter Schrumm,
der wusch sich nie. Das heißt:
Er schrie und zeterte herum,
weil Seife schrecklich beißt.

Ein muntrer Floh, ganz klitzeklein,
sprang eines Tags daher,
der war aus keinem Zirkus, nein,
ein ganz gewöhnlicher.

Der hüpfte nun dem Peter froh
vom Rücken auf den Bauch
und danach bis ganz anderswo;
da zwickte er ihn auch.

Solang sich Peter wenig wusch,
hat sich der Floh gefreut.
Er kniff am Arm, und plötzlich, husch,
kniff er am Po erneut.

Da wurd es Peter Schrumm zu schlimm.
Mit Seife und mit Wut
wusch er sich gründlich und voll Grimm –
wusch sich auch später gut.

Der Floh jedoch floh vor der Zeit,
denn alles schien verpatzt.
Jetzt wohnt er bei der Adelheid,
grad da, wo sie sich kratzt.

Schwerelosigkeit

Wenn alles schwerelos wäre,
das wär eine lustige Zeit!
Tippt ich Elefanten, Riesen
oder furchtbar schwere Dinger
an mit meinem kleinen Finger,
schon flögen sie weit!

Wenn alles schwerelos wäre,
es würde komisch sein:
Die Schulmappe schwämme zur Schule voraus.
Ich flöge wie eine Fledermaus hinterdrein.
Oder die Schule käme vorbei,
und ich stiege ein.

Wenn alles schwerelos wäre,
wie hätt ich gelacht,
weil alles heiter und kunterbunt wär.
Und vielleicht wär auch das Lernen
nicht schwer?
Aber noch weiter als bis hierher
habe ich nicht nachgedacht.

Henriette Weiß-nicht-was

Henriette hat zwei kleine Hasen gesehn
auf dem Feld, zu Ostern, beim Wandern.
Da blieb das Mädchen nachdenklich stehn
und fragte sich: Nehme ich den? Oder den?
Oder nehm ich doch lieber den andern?

Das sah den Hasen verdächtig aus.
Sie saßen mucksmäuschenstill.
Leis fragte der eine den andern: Du, Klaus,
ob das Mädchen uns fangen will?
Komm, wir rennen lieber nach Haus!

Und weiter sagten die Hasen kein Wort.
Sie rannten. Die Schwänzchen blinkten.
Henriette hat eine Eins in Sport.
Als sie dachte: Ich nehme den linken,
da waren die Hasen schon fort.

Das Zi

Ein Zi tat mal im Walde gehn,
da sah es eine Trone stehn.
Das Zi, in dem was Schlaues steckt,
sah gleich, daß Trone sauer schmeckt.
Worauf das Zi vor Trone wich.
Doch bald verband's dem Egel sich.
Das Zi, bekannt als Ziegel nun,
hat mit Zitrone nichts zu tun.

Wollt ihr sie unterscheiden,
dann beißt nur in die beiden!

Fußnote

Ein Knabe blies ein Bombardon.
Doch nach der ersten Note schon
kam eine lange Pause. ♪)

♪) Die Note fiel ihm auf den Fuß.
   Schon war es mit dem Üben Schluß.
   Er lag im Krankenhause.

Wie Peter Hopf den Tag begann

Der Wecker fing zu klingeln an
des Morgens, als der Tag begann.

Träg hob die Rechte Peter Hopf
und suchte nach dem Abstellknopf.

Meist fand er diesen irgendwie,
nur aus dem Bette fand er nie.

Doch fand er raus, so stand er dumm
und sah sich nach den Schuhen um.

Fand er die Schuhe, fehlte ihm
die Hose, um sie anzuziehn.

Und fand er die, schon suchte er
nach seiner Jacke hin und her.

Und fand er die, am falschen Ort,
dann war bestimmt die Mappe fort.

Fand er die Mappe, war sie leer.
Nach Heften irrte Hopf umher.

Und fand er die, so fehlten doch
die Bücher für die Schule noch.

Und fand er die, hat er geflucht
und nach der Uhrzeit rumgesucht.

Und fand er diese, war Geschrei:
Der Unterricht war längst vorbei!

Dann kramte Hopf in dem Verstand
nach etwas, was er auch nicht fand:

Er fand von Gründen keine Spur.
Wenn ihr sie wißt, sagt sie ihm nur!

Sprengstoff-Heini

Oft spielten wir mit Heini
am Spielplatz Weltraumfahrt
auf der Raketenleiter.
Und alle brüllten: Start!

Dann sahen wir von oben
weit übern Spielplatz weg.
Bis Heini einmal maunzte:
So kommt man nie vom Fleck!

Und er fing an zu reden
von Dynamit und Sprit,
bis wir ihm alle sagten:
Da machen wir nicht mit.

Er sprach, daß er uns Kleine
auch nicht verwenden kann.
Jedoch am Neujahrsmittag,
da kam er wieder an.

„Ich hab mir zu Silvester
ein Raumschiff selbst gebaut,
mit Feuerwerksraketen.
Kommt mit zu mir und schaut."

Das wollten wir gern sehen
und gingen alle hin.
Hohl klang das „Start!" von Heini
in seiner Tonne drin.

Er zündete die Schwärmer.
Sie machten knatterbum
und rauchten wie der Teufel.
Die Tonne kippte um.

Schwarz kroch heraus der Heini.
Die Hose war versengt.
So ist er hart gelandet.
Nun sitzt er da und denkt.

Der kleine Junge Florian

Der kleine Junge Florian,
der malte gern die Wände an.
Ging einer aus dem Zimmer,
schon malte er. So immer.

Man gab dem Jungen Malpapier,
Tuschkasten, Blöcke, doch wofür?
Bald war das Zeug ihm über.
Die Wand, die war ihm lieber.

Die Mutter, mit betrübtem Sinn,
sah zu des Jungen Vater hin.
Der Vater hat den Jungen
mit Blicken fast verschlungen.

Da war die Wohnung schon bedeckt.
Die Eltern hatten aufgesteckt.
Sie rangen ihre Hände:
Wer gibt dem Jungen Wände?

Doch Florian schlich aus dem Haus,
nahm Farbe, Kreide und Reißaus.
Der ganzen Stadt war bange;
sie reichte ihm nicht lange.

Nach Süden führte dann sein Weg
durch Wolmirstedt und Schwanebeck.
Die hat er vollgeschrieben.
Wo ist er nur geblieben?

Falls ihr ihn trefft, ob nah, ob fern,
sagt ihm, er dürfte Maler wer'n,
das bleibt ihm unbenommen.
Er soll nach Hause kommen!

Warum Trompete Tätärä sich vor dem Hansi rettete

Wie Tätärä zu Hansi kam,
ist unbekannt. Doch Hansi nahm
sie jubelnd auf und blies hinein,
bis Tätärä begann zu schrein.
Drauf sprach er: Ich gewöhne
dir ab die falschen Töne.

Als wäre die Trompete schuld.
Schuld war nur Hansis Ungeduld,
die blasen wollt: Mein Heimatland...
Doch blieb das Wollen unerkannt.
Gereizt blieb nur 'ne Reihe
von Ohren, durch die Schreie.

Die Eltern fiel das Flehen an,
was man ja auch verstehen kann.
Der Vater bat: Blas Flöte mir.
Doch bläst du schon Trompete hier,
dann bitte musikalisch.
Den Lehrer, den bezahl ich.

So kam's, daß Hans noch länger blies,
was manchen bänger werden ließ.
Freitags sank man in schweren Schlaf,
denn Hans blies dann vorm Lehrer brav,
bis ihm die Schnute dröhnte.
Und das Getute tönte!

Hans trieb dort fast die Nachbarn fort.
Und dies Haus war ein achtbar Hort!,
schrie laut der Lehrer Festerling,
worauf er an zu lästern fing:
Versuch's in eurer Laube.
Allein: Mir fehlt der Glaube.

Als die Trompete wochenlang
dank Hansi schräge Töne sang,
kam's, daß sie nicht mehr ruhig schlief
und träumte, sie sei selbst schon schief.
Drum floh sie Hans und Landhaus.

Jetzt tönt sie im Gewandhaus.

Wunderbare Ballade vom Trinchen Stolte

Was ich erzählen möchte,
ist fast ganz richtig wahr.
Ihr kennt doch Trinchen Stolte,
die mit dem blonden Haar?

Einmal, sie wollt nicht essen
– ich weiß nicht, wie's geschah –,
hat sie das Nein vergessen.
Nä, sagte Trinchen da.

Das Nä hat ihr gefallen,
beim ersten Mal, sofort.
Nä sagte sie zu allen.
Nä war ihr liebstes Wort.

Sei brav, bat Mutter Stolte.
Nä, schoß das Trinchen schnell.
Anfangs, wenn sie nicht wollte,
und später prinzipiell.

Man ging mit ihr zum Doktor,
ja zu Professor Knaupt!
Der konnte auch nicht helfen
und schüttelte das Haupt.

Da kam der Zaubrer Husta de
la Saftra durch die Stadt.
Verständlich, daß die Mutter
auch ihn um Hilfe bat.

Er blickte auf das Trinchen,
sprach weder nein noch ja,
sondern: kalibro tubru
kanola pastrika!

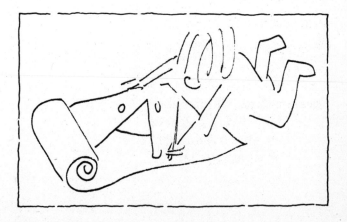

Auf weichte da die Trine
und wandelte sich gleich
zu einer Nä-Maschine.
Die Mutter wurde bleich.

Herr... Dings, bat Mutter Stolte,
so hab ich's nicht gemeint.
Ich will mein Trinchen wieder,
auch wenn sie stets verneint.

Doch Husta de la Saftra,
der sagte: Nix verstäh.
Nun, wenn du unten treten,
Maschine sagen: Nä!

Sie noch mal umzuzaubern,
das koste Riesenkraft.
Die Mutter bat und flehte.
Dann hatte sie's geschafft.

Der Zaubrer formte Worte
und Gesten, wunderbar,
bis aus der Nä-Maschine
wieder die Trine war.

Vom größren Wunder aber
weiß keiner, wie's geschah.
Trinchen sprach nein recht deutlich.
Doch öfter sagt sie: ja.

Kleinkinderfibel

Das Kind lernt sprechen. Es hört zu.
Die Mami sagt: Sieh, die Muh-muh!

Der Onkel spricht: Oh, ein Quak-quak,
die Tante: Guck mal, die Gak-gak.

Das Kämme-kämme macht ziep-ziep.
Und Omi, die hat ein Piep-piep.

Ein Ding, das bellt, heißt ein Wauwau,
ein Vieh, das kratzt, Miau-miau.

Die Ticktack schweigt vor Zahn-weh-weh.
Das Kind vom Bähbäh macht meh-meh.

So etwas hört das Kind. Alsdann
lernt es daraus und wendet an:

Tut-tut, meck-meck, klingling, bumbum.
Kiek-kiek, buh-buh, ffft-ffft, brumm-brumm.

Der Papi kommt, nimmt die Schlapp-schlapp,
geht an den Tisch und macht happ-happ.

Dann reibt er sich das Guckgesicht.
Warum das Kind so seltsam spricht?

Die Überrüben-Übertür

Frau Überling hat über Nacht
lang überlegt und überdacht,
wie man das Ü hübsch üben kann.
Das Ü hört sich nicht übel an.
Frau Überling schuf uns dafür
die Überlingsche Übertür
sowie die Überrübe,
weil dies gewaltig übe.

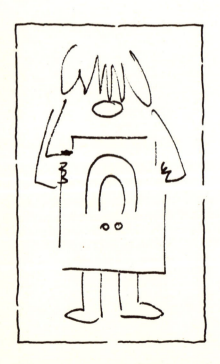

Und öffnet man die Übertür,
wie üblich, tritt ein Ü herfür.
Ihr müßt nur üben. Überhaupt:
Wer überall an Übel glaubt,
dem wird das Ü nie glücken,
in „pflügen" nicht und „pflücken".

Es wird mit Blümchen überstreut,
wer Rüge nicht noch Mühsal scheut.
Dank sei Frau Überling drum für
die Überrüben-Übertür!

Eine vorbildliche Familie

Männchen Strich und Frauchen Strich
necken sich und lieben sich,
sind ein gutes Paar.
Stricheline heißt ihr Kind.
Strichlig, wie sie selber sind,
ist ihr Mobiliar.
Außer Strichelstuhl und -schrank,
Stricheltisch und Strichelbank
haben sie sogar
für Kind Strich ein Strichelpferd,
für Frau Strich den Strichelherd
und als Bett ein Haar.
Nein, die Strichs entbehren nichts.
Nur aufs Streichen, meint Herr Strich,
muß man sich verstehn.
Bis man Haus, Balkon und Bad
neu und gut gestrichen hat,
wird manch Jahr vergehn.
Dabei wächst uns – ohne Zank –
Stricheline, die dann schlank
wie 'ne Pinie ist.
Und wenn sie uns einst verläßt,
legen wir gemeinsam fest,
was die Linie ist.
Auch Frau Strich spricht: Überhaupt,
unterm Strich ist nicht erlaubt.
Wir stehn überm Strich.

Doch sie wird als gutes Kind
werden, wie wir selber sind:
dünn und vorbildlich.
Dann ruft sie zum Mittagsmahl.
Es gibt einen Strich als Aal,
Räucherstrich sogar.
Mann und Frau und Kindchen Strich
lieben sich und necken sich
heut und immerdar.

Lehrgedicht

Der Wecker plärrt im Dauerlauf
mit seiner großen Klappe.
Die Mutter reißt die Türe auf.
Das Kind schließt seine Mappe.

Der Tag ist lang. Der Lehrer auch.
Die Fibel lehrt in Strophen:
Die Miau ist in Siam Brauch –
und: Omi ist im Ofen.

Der Schal wird länger als der Schall
geschriebt, geschreibt, geschrieben.
Der alte Hut ist erster Fall.
Die Falle ist geblieben.

X minus zwölf gleich Weihnachtsmann.
Man schurrt nicht mit dem Stuhle!
Wer dies gleich wiederholen kann,
braucht gar nicht erst zur Schule.

Die artige Ameise Po

Ameise Po ißt zum Mittag ein Blatt.
Ameise Pa ist vom Frühstück noch satt.
Ameise Pi schaut ins Fernsehn,
mehr, als die Ameisen gern sehn.

Ameise Pi wird vom Fernsehen bleich.
Ameise Pa sind fünf Knie ganz weich.
Ameise Po ist zu loben,
sie darf zum Spielen nach oben.

Naturtalent

Die Raupe Friederike
macht oft und gern Musike.
Sie spielt, wie ich es neulich sah,
sich selbst als Ziehharmonika.

Der Marmeladenfisch

Wer kennt den Marmeladenfisch?
Wenn man ihn sucht, verschwind't er.
Doch läßt er Spuren auf dem Tisch
und im Gesicht der Kinder.

Etwas über Katzen

Katzen kratzen
nicht nur Ratzen;
Katzen kratzen
auch ihr Knie.
Es kommt vor,
daß Katzen beißen.

Katzen, die
mit Batzen schmeißen,
sah ich allerdings
noch nie!

Der Kater Karli Rasebalg

Der Kater Karli Rasebalg
wohnt auf dem Bahnhof Pasewalk.
Von hier aus fährt er hin und her
als Reichsbahnmäusekontrolleur.

So war er schon in Torgelow,
in Ducherow und Teterow.
Er fuhr durch Malchow und Malchin,
nach Dedelow und nach Demmin.

Herr Karli tut die Arbeit ganz.
Er greift die Mäuse sich am Schwanz.
„Die Fahrausweise!" ruft er dann
und knipst die Karten mit dem Zahn.

Herr Rasebalg ist stets gerecht.
Nur Mogelmäusen geht es schlecht.
Zeigt eine keine Karte vor,
dann beißt er ihr ein Loch ins Ohr.

Der Suppenhund

In Suppentüten lebt ein Hund.
(Er tritt auch auf in Rudeln.)
Der backt die kleinen Klüten und
beißt Zacken in die Nudeln.

Die Schnecke Langawegagenga

Die Schnecke Langawegagenga
geht aus und trägt ihr eignes Haus.
Die Nacht ist lang. Ihr Weg ist länger.
Die Schnecke Langawegagenga
mißt Meter wie ein Kilo aus.

Sie schleppt sich hin drei Zentimeter,
dann fängt sie sacht zu grübeln an:
Ich hab ein Haus, doch keinen Hänger,
weil ich, die Langawegagenga,
mich von dem Haus nicht trennen kann.

Doch wenn ich einen Hänger hätte,
so läg mein Haus mit mir darauf,
das heißt: Ich selbst sowie mein Bette,
wir ständen still an jener Stätte.
Da hört ja die Bewegung auf!

Spann ich, die Langawegagenga,
mich vor den Hänger, was geschieht?
Ich schlepp mein Haus herum noch länger.
Doch wiederum nützt mir der Hänger
nichts, wenn den Hänger keiner zieht.

Die Schnecke Langawegagenga
denkt langsam und spiralig-kraus;
dann rutscht sie weiter bis zur Hecke.
Und die zurückgelegte Strecke
ist der des Denkens weit voraus.

Von der Plötze Magda Rotermund

Die Plötze Magda Rotermund
lebte bisher ungesund
als Fisch. In ihrem Falle
als Saalefisch bei Halle.

Den Schmutz, der sich ins Wasser goß
der Saale, die bei Halle floß,
hat Magda schlimm gefunden.
Drum schwamm sie selten unten.

Doch mit der Zeit ergab sich dies:
Daß nun die Saale heller fließt.
Viel Fleiß und Menschenzauber
macht sie recht langsam sauber.

Die Plötze Magda – was es gibt –
hat sich in Alfons Maul verliebt.
Und seit dem letzten Winter
warten sie auf Kinder.

Mathilde

Ich bin die Kuh Mathilde
und von der sanften Gilde.
Ich kann nicht viel mehr tuen
als muhen.

Mein Mütterlein konnt hupfen
und hatte immer Schnupfen,
daß wir sie oft nachmachten
und lachten.

Mein Vater hieß Stier Rainer,
erst gab er an wie keiner.
Bald zog er ohne Worte
vom Orte.

Mein Bruder war kein Engel,
nein, ein ganz frecher Bengel.
Er hat uns stets mit Kissen
geschmissen.

Mein Schwesterlein Agathe
tat manche gute Tate,
worauf sie sich ausruhte,
die Gute.

Nun gute Nacht, ihr Kühe.
Schlaft gut bis morgen frühe!
Dies wünscht euch eure milde
Mathilde.

Der Kahlfraß

Der Kahlfraß durch die Gegend zieht.
Er ähnelt einem Gaul.
Der wesentliche Unterschied:
Er hat ein größres Maul.

Der Kahlfraß frißt die Keller leer
von Kohlen und von Kraut.
Nichts ist zu groß, zu breit, zu schwer.
Der Kahlfraß kaut und kaut.

Sehr gern verschlingt er Handgepäck,
das irgendwer vergaß.
Manch Fahrrad ist nur deshalb weg,
weil es der Kahlfraß fraß.

An alles wagt er sich heran,
an Wälder, Stein und Stahl.
Er frißt den Putz von Häusern an
und Neubauviertel kahl.

Wenn man des Nachts ganz leise ist,
dann hört man, wie er mampft
und wie er seine Schneisen frißt
und dabei schnaubt und dampft.

Das Schaf

Das Schaf ist ein sehr liebes Tier.
Hat Ohren wie Velourpapier
und ist ganz weich und wollen.
Wenn es sanft bäht, gleicht es Frau Stör.
So kommt die mittwochs vom Frisör
mit ihren Lockenrollen.

Das Schaf hat Locken überall.
Und vor Frau Stör – auf keinen Fall
muß es sich da verstecken!
Das Schaf ist wie mein Federbett.
Ich tät mich, wenn ich das nicht hätt,
mit einem Schaf zudecken.

Vom Riesen Oskar Eichenschwengel

Der Riese Oskar Eichenschwengel
lebt in dem Lande Kuhnichtgut.
Er ist ein mächtig großer Bengel,
doch geht er niemals ohne Hut.

Du zweifelst dran? Mein Kind, was meinste,
weshalb er stets mit Hut rumrennt?
Der Hut ist „english style", das Feinste,
was man an Riesenhüten kennt.

Neun Riesenschafe gaben Wolle,
damit er a) dem Kopfe paßt
und daß er b) die Riesentolle
von Oskar Eichenschwengel faßt.

Denn Eichenschwengel ist ein Riese
nicht nur an Haupt, nein, auch an Haar.
Und auf dem Hut grünt eine Wiese.
Da graste eine Kuh sogar.

Der Hut ist hoch. Kein Berg des Landes
trägt wie er oben ewgen Schnee.
Und in der Höh des Hutbandrandes
sah man die Kuh, die weidete.

Bis eines Tags... Es wehte heftig,
denn brausend nahte ein Orkan,
da griff besagter Riese kräftig
den Hut an seiner Spitze an.

Dies einzig, um den Hut zu halten.
Der Eiswind aber pfiff und kniff
und machte Oskars Hand erkalten,
worauf er etwas tiefer griff.

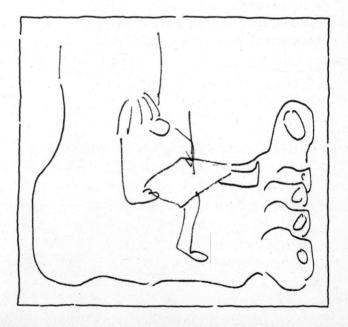

Sein Daumen hielt die Krempe unten.
Sein Zeigefinger traf die Kuh.
Das hat die Kuh nicht schön gefunden.
Sie sage: Aua. Und nicht Muh.

Und fiel bedrückt in Oskars Haare,
vorbei an einem Straußenei.
Herr Eichenschwengel glaubte Jahre,
daß sie im Haar verschollen sei.

Doch neulich schnitt sich Oskar selber
die Haare ab. Da fand er sie:
Die Kuh vom Hut. Und dreizehn Kälber
umspielten ihre schönen Knie.

Vor unserm Hause rauscht das Meer

Vor unserm Hause rauscht das Meer.
Ich geh am Strande hin und her
und mit den Schuhen unter.
Ganz tief im Süden kurvt ein Kahn.
Er wird gerudert von zwei Mann,
mit Robinson darunter.

Ein Seehund bellt. Es spritzt der Wal.
Ich ahne Fische ohne Zahl,
selbst Haie und Kalmare.
Rechts treibt ein Floß zu fernem Ziel.
Drauf weint und greint ein Krokodil
wohl schon dreihundert Jahre.

Vor unserm Hause rauscht das Meer.
Ein Schiff kehrt heim, beladen schwer
mit Keks und roter Grütze,
mit Zimt und mit Vanillenduft.
Ein Fenster klappt. Die Mutter ruft
und macht mein Meer zur Pfütze.

Einundneunzig Knäuel Wolle

Die Mutter häkelt uns ein Kleid
aus dicker blauer Wolle
zur Winterszeit, zur Frühlingszeit.
Rund einen Kilometer weit
reicht eine Wolle-Rolle.

Die Mutter häkelt ohne Ruh,
sie greift zum zwölften Knäuel.
Die Kinder tragen Sommerschuh.
Das Kleid, es nimmt nur langsam zu.
Die Arbeit scheint ein Greuel.

Doch Mutter wird nicht müd noch matt.
Das blaue Kleid, es macht sich.
Vom Baume fällt das letzte Blatt.
Die Mutter kriegt es langsam satt
und langt zu Knäuel achtzig.

Die Mutter häkelt fort im Text
bei trübem Lampenscheine
am Kleid, das in den Winter wächst.
Die Mutter häkelt wie verhext
zwölf Arme und elf Beine.

Dem elften Bein folgt noch ein Bein.
Nun kann sich Mutter schonen.
Sie ruft, und alle steigen ein.
Doch wieviel mögen es wohl sein,
die in dem Kleide wohnen?

(Tatsache, sechs Personen!)

Das neue Telefon

Wir haben nun ein Telefon.
Gehn wir mal aus der Stube, schon
hört man die Rieke reden.
Hallo, sagt sie, hallo. Hier do.
Hier itta Riekes Telelo!
So überzeugt sie jeden.

Erst neulich rief Herr Warmstein an,
ob er den Ofen setzen kann.
Zur Antwort kam recht heiter:
Hier binna ich. Hallo. Hier do.
Hier itta Riekes Telelo!
Da wußte er nicht weiter.

Dann klingelte Frau Frisör Knaus,
die sucht sich ihre Leute aus,
das heißt die besten Kunden.
Die Rieke sprach: Hallo. Hier do.
Hier itta Riekes Telelo.
Frau Knaus rief: Falsch verbunden!

Mein Paps sprach: Laß die Quackelei.
Du machst den Apparat entzwei.
Du mußt ihn nicht anfassen!
Was soll denn das: Hallo. Hier do.
Hier itta Riekes Telelo?
Und Rieke hat's gelassen.

Doch oft hat uns ein Herr gewählt.
Für all den Klatsch, den der erzählt,
sprach Paps, braucht man zwei Leben!
Und quäkte dann: Hallo. Hier do.
Hier itta Riekes Telelo!

Der Mann hat's aufgegeben.

Steigt ein, wir fahren nach Berlin

Steigt ein, wir fahren nach Berlin!
Das Auto riecht schon nach Benzin.
Gelenkt wird es vom Vater.
Natürlich kommt die Mutter mit.
Und Oma. Und die kleine Grit,
der Thomas und der Kater.

Der Kater kriegt die Spielmaus dann,
der Thomas seine Eisenbahn,
und Grit bekommt die Flasche.
Das Strickzeug macht die Oma froh,
der Vater braucht das Radio
und Mutter ihre Tasche.

Für Grit muß Windelwäsche sein.
Ihr Babykorb ist auch nicht klein.
Er muß hinein, nach innen.
Wenn Thomas sitzt, das Baby liegt
und Oma leicht das Bein verbiegt,
dann kann die Fahrt beginnen!

Von oben

Die Stadt, vom hohen Turm beguckt:
Wie Spielzeug sieht sie aus.
Die Gassen sind wie Fädchen.
Ameisen Frau und Mädchen.
Der Autobus 'ne Maus.

Ein Mensch allein wirkt winzig klein.
Man meint, er ist nicht viel,
sieht man im Fluß ihn treiben.
Doch ist kein Stehenbleiben.
Und jeder hat ein Ziel.

Die Stadt ist bläulich, still und weit.
Würd Mutti unten stehn
am Turmfuß, auf den Stufen,
sie hörte mich nicht rufen.
Ich aber könnt sie sehn.

An dem Gully steht ein Mann

An dem Gully steht ein Mann,
der nach unten sieht.
Er faßt eine Stange an,
und er zieht und zieht.

Wär ich mit der Stange selbst
an den Platz gestellt,
sicher zög ich Fische hoch.
Oder vielleicht Geld?

Da, die Stange hebt sich an,
langsam, bis ich stutz,
denn ein Eimer ist daran.
Und darin ist Schmutz.

Und der Mann wischt sein Gesicht,
sieht mich an und lacht.
Daß er Eierpampe fischt,
hab ich fast gedacht!

Der Engel

Auf einer Kuppel steht ein Mann,
der hat zwei große Flügel an
dem Rücken wie zwei Schwengel.
Pit sagt, dies ist ein Engel.
Und Engel können fliegen.
Der Pit kann schrecklich lügen.
Der Engel guckt wie Opa Stein.
So schläft der oft im Stehen ein.
Der Engel wird nie munter.
Er fliegt nicht einmal runter.

Was ist das für ein Ding?

Groß ist es etwa wie ein Haus.
Doch sieht ein Haus ganz anders aus.
Am Fenster, drinnen, sitzt ein Mann,
der lenkt es, daß es fliegen kann.
Obwohl es keine Flügel hat,
hebt es sich über Feld und Stadt.
Das Ding kann steil nach oben gehn;
auch kann's im Himmel stillestehn.
Doch braust es nahe übers Dach,
dann macht es einen Heidenkrach
und wie ein Ventilator Wind.
Gesehen hat es jedes Kind.

Baugruben

In allen Ecken unsrer Stadt
kann man jetzt Gruben sehn,
drin hammert was und bammert was,
da tuckert was und puckert was.
Man braucht nur hinzugehn.

Ein Preßluftbohrer pickert sich
in dicker Wände Speck.
Ein Bagger gräbt um sich herum,
lädt Erde in die Dumper um,
und diese fahrn sie weg.

Tief ist das Loch und riesengroß,
daß mancher ruft: Verhext!,
wenn ihm ein Zaun gebietet: Schluß!
Weil er 'nen Umweg machen muß,
guckt er nicht hin, was wächst.

Ich aber winke dort Herrn Kroh.
Ganz klein scheint er zu sein.
Er ruft herauf, weil er mich mag:
Wachs schneller! Nächsten Donnerstag
holt unser Haus dich ein.

Bagger Happ und Kran Laban

Der Bagger Happ walzt durch die Stadt,
sein Eimermaul wird niemals satt,
frißt in die Erde Kuten.
Am Postamt grub er jüngst das Loch.
Jetzt trefft ihr ihn am Marktplatz noch.
Ihr müßt euch aber sputen.

Der Kran Laban steht starr und dünn.
Sein Arm zeigt über Dächer hin,
hebt Lasten wie sonst keiner.
Selbst Wände sind ihm nicht zu schwer.
Der Kran ist stark. Und lang ist er.
Vorm Hochhaus wirkt er kleiner.

Noch kleiner aber sind zwei Mann.
Den Bagger Happ lenkt Alfred Spann,
den Kran Laban Herr Wille.
Wenn die ein Pfiff zur Pause pfeift
und jeder nach dem Frühstück greift,
stehn Kran und Bagger stille.

Kran und Flugzeug

Der Kran streckt seinen Arm daher
grad wie ein Polizist,
als regle er den Luftverkehr.
Was nicht sein Willen ist.

Das Flugzeug fühlt sich umgelenkt;
es blinkt mit seinem Licht:
Auch wenn du über Häuser zeigst,
nach dir, da geht es nicht!

Der Kran zieht eine Fertigwand
herauf an seinem Seil:
Hab ich gesagt, es geht nach mir?
Ein jeder tut sein Teil.

Du fliegst gar hoch und selbstbewußt.
Ich muß hier unten sein.
Doch wenn du wieder runter mußt,
dann brich dir nicht das Bein!

Auf der Strecke

Vor Jahren
ist eine Dampfbahn gefahren
von Eberswalde nach Berlin.
Aber auf der Strecke,
mitten im Wald,
konnte die Lokomotive nicht weiter.
Und es war so kalt.
Der Lokomotivführer hatte
den Husten bekommen.
Er hatte keine Tabletten genommen,
und nun war er krank
und konnte nicht mehr
die Lokomotive lenken.
Der Zug war ganz lang.
Doch von den vielen Leuten, die darin waren,
konnte keiner mit der Lokomotive fahren.
Was dann passiert ist,
kannst du dir denken:
Alle mußten aussteigen.
Jeder Mann,
jedes Mädchen,
jede Frau.
Sie mußten laufen bis zum nächsten Städtchen.
Bis nach Bernau.
Es wußte jeder:
Das sind achtzehn lange Kilometer.

Aber alle sind angekommen
und von dort nach Berlin weitergefahren.
Doch ehe sie richtig krank waren,
haben sie immer
brav ihre Medizin genommen.
Sonst wird es nämlich schlimmer.

Ein schrecklicher Tag

Ein schrecklicher Tag ist heute gewesen.
Erst habe ich nicht aufstehen wollen.
Dann mußte ich schnell zur Schule pesen,
um nicht zu spät zu kommen.
Dann habe ich rechnen sollen
und hatte das Heft nicht mitgenommen.
Dann sollte ich lesen
und hatte das Buch zu Hause gelassen.
Herr Schmidt hat gesagt,
ich solle mich an den Kopf fassen.
Oder ob ich den auch zu Hause lasse?
Und das alles sagte er vor der ganzen Klasse!
Doch das wäre noch zu verschmerzen gewesen,
wäre nicht die Sache passiert mit dem Besen:
Zu Hause sollte ich ausfegen,
aber Hausarbeit fällt mir schwer.
Der Fußboden war fast ganz sauber und leer.
Nur auf dem Küchenherd
hat etwas Staub gelegen.
Den wollte ich abfegen
und habe ihn mit dem Besen heruntergewischt.
Da hat es gezischt –
und vom Besen waren alle Haare ab.
Wie ich mich erschrocken hab!

Vor Schreck habe ich
den Besenstiel losgelassen,
der fiel auf die Untertassen,
und drei davon sind entzweigegangen.
Da habe ich zu heulen angefangen und geklagt.
Und dann habe ich überlegt und zu mir gesagt:
Nimm endlich deine Gedanken zusammen!
Dann habe ich sie zusammengenommen,
und von da ab ist alles besser gekommen.

Zahnschmerzen

Mein Zahn
hat schlimme Schmerzen gehabt.

Und ein Loch.
Ich wollte nicht zum Zahnarzt gehn.
Mutti hat gesagt: Doch!
Ich habe gelitten und gewimmert,
und wenn ich an den Zahnarzt dachte,
da hat sich das Leiden noch verschlimmert.
Aber meine Mutti lachte
und hat mich an die Hand genommen.
So bin ich
mit Mutti
zum Doktor gekommen.

Der Zahnarzt hat dann
am Zahn gebohrt und das Loch zugemauert.
Es hat gekitzelt, nicht weh getan
und auch nicht lange gedauert.
Dann habe ich den Mund ausgespült,
und mein Zahn hat sich wieder wohl gefühlt.

Der Ofen

Der Ofen
wollte nicht mehr heizen.
Er hat die Wohnung vollgepustet
mit Qualm und Rauch.
Ich habe gehustet.
Vati auch.
Aber dann hat Vati das Rohr abgenommen,
und es war voll Ruß.
Da kann das Feuer nicht brennen,
weil es Luft kriegen muß.
Vati hat das Rohr geschüttelt
und den Ruß herausgerüttelt
und hindurchgefegt mit dem Besen.
Da hat das Feuer wieder gebrannt.
Nur Vati ist zum Wasserhahn gerannt,
denn er ist ganz schwarz gewesen
im Gesicht.

Ich nicht.

Der Sturm

Der Sturm
hat das Dach abgedeckt.
Dann hat er die Zähne gebleckt
und geheult:
Ihr dummen Leute,
ihr schwachen Gesellen,
ihr wollt euch mir entgegenstellen?
Da ist ein Mann gekommen,
hat Ziegel genommen
und Beton
und hat ein ganz festes Haus gebaut
mit einer Windmühle obendrauf.

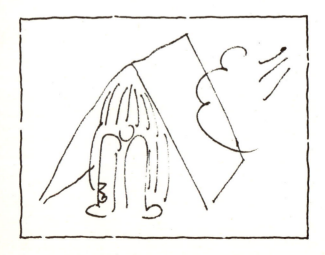

Nun regte der Sturm sich erst richtig auf.
Und er blies und blies.
Doch das Haus blieb stehen.
Nur das Windmühlenrad
begann sich zu drehen.
Es war eine Lichtmaschine daran.
Und je mehr der Sturm
gegen das Rad angerannt,
desto heller hat das Licht
im Hause gebrannt.

Und da hat der Mann
das Fenster aufgemacht,
den Kopf herausgesteckt
und den Sturm
ausgelacht.

Der Winter und die Kinder

Der Winter hat gesagt,
er kann machen,
daß die Kinder frieren.
Aber er hat gelogen.
Alle haben sich warm angezogen
und ihre Schlitten genommen.

Der Winter hat Eis
und Schnee
und Kälte gemacht,
aber er ist gegen die Kinder
nicht angekommen.
Die Kinder
sind auf den Berg geklettert
und haben gelacht.
Und der Winter hat gewettert.
Die Kinder sind fröhlich
mit ihren Schlitten
den weißen Buckel des Winters
hinuntergeritten.

Die Sonne ärgerte sich und sprach

Die Sonne ärgerte sich und sprach:
Nun habe ich aber genug vom Winter!
Der Schnee auf der Erde liegt immer noch.
Er liegt sogar zehn Zentimeter hoch.
Ich scheine und scheine und scheine,
doch der Frost macht sich nicht auf die Beine!
Und die Sonne hat sich aufgepustet,
und ihr Kopf ist heiß geworden.
Da kam endlich der Winter in Not.
Die Eiszapfen und der Schnee
haben zu weinen begonnen
und sind zu Pfützen zerronnen.
Es wurde immer wärmer im Lande.
Da verliefen die Pfützen im Sande.
Eilig begann ein Krokus bereits
den Kopf aus der Erde zu stecken.
Er wuchs an geschütztem Ort
und wollte den Winter necken.
Doch da war der Winter schon fort.
Weil der Krokus so heiter
und fröhlich war
an seinem geschützten Plätzchen,
unterhielt er sich über das Wetter sogar
mit den wolligen Weidenkätzchen.
Die Sonne, die vom Himmel sah,
lachte strahlend und munter.
Sie dachte: Nun ist der Frühling da!
Jetzt wird auch die Welt wieder bunter.

Sommer

Die Sonne will Tauchsieder sein,
drum tunkt sie ihre Strahlen ein,
macht Wasser warm und Kiesel,
die Kinder und Frau Biesel.

Frau Biesel legt sich in den Sand,
dort kriegt sie einen Sonnenbrand.
Die Kinder gehen spritzen;
sie brauchen nicht zu schwitzen.

Und wer am höchsten spritzen kann,
der spritzt vielleicht die Sonne an.
Am höchsten spritzt der Rainer.
Doch löschen kann sie keiner.

Letzter Schultag

Wenn doch Herr Schulz den Schlüssel verlöre
zu der Schule, zum großen Tor!
Aber nein, er schließt jeden Morgen auf
und steht freundlich lächelnd davor.

Wenn doch der Lehrer die Tasche vergäße
mit den Büchern für Deutsch und Musik!
Leider, er hat sie auch heute mit.
Aber morgen sind Ferien, ein Glück!

Wenn es doch bald zu klingeln anfinge,
war denn je eine Stunde so lang?
Nicht, daß ich ungern zur Schule ginge...
Da läutet es. Ferienanfang!

Des Abends, wenn die Sonne sinkt

Des Abends, wenn die Sonne sinkt,
wird es am Fenster finster.
Mit Löchern in den Socken hinkt
ein Gangster durch den Ginster.

Der Gangster aus dem Ginster linst,
ein Attentat zu tuen.
Sein Mördermesser blitzt. Er grinst,
dieweil wir ruhig ruhen.

Der Gangster schneidet ab alsbald
vom Ginster und verschwindet.
Worauf er tief im wilden Wald
die besten Besen bindet.

Abend

Die Sonne will nun gehen.
Die Berge werden klein.
Sie wollen unterm Wolltuch Nacht,
das dunkel ist und müde macht,
warm und geborgen sein.

Die Stadt setzt ihre Lichter,
als ob sie Noten schreibt.
Wer schläft, dem wird die Nacht nicht lang.
Und Posten machen ihren Gang,
daß sie uns friedlich bleibt.